北澤楽天《ねこのくにの幼稚園》

ねこの絵です。

なにを していますか？

アルトゥール・ヘイヤー《白猫と蝶》

ちょうちょを 見ています。

ホレイショー・ヘンリー・クデリイ《金魚鉢の側の猫》

さかなを 見ています。

ピエール＝オーギュスト・ルノワール《ジュリー・マネ》

ねています。

すわっています。

テオフィル・アレクサンドル・スタンラン
《ルドルフ・サリスの「ル・シャ・ノワール」の巡業》

菱田春草《黒き猫》

イワン・ゴロホフ《農民の小屋で》

ミルクを のんでいます。

アルトゥール・ヘイヤー《猫の家族》

ギターを ひいています。

ピアノを ひいています。

フィンセント・ファン・ゴッホ《ドービニーの庭》

あるいています。

小茂田青樹《春の夜》

エドゥアール・カストル《子猫と遊ぶ》

あそんでいます。

小林清親《猫と提灯》

北澤楽天《動物の年の瀬》

ねこは どこですか？
なにを していますか？

【出典】

表紙 ……… フランシスコ・デ・ゴヤ（Francisco José de Goya y Lucientes）
(1746 – 1828)《マヌエル・オソーリオ・マンリーケ・デ・スニガ》

p.1 ……… 北澤楽天（1876 – 1955）《ねこのくにの幼稚園》

p.2 ……… アルトゥール・ヘイヤー（Arthur Heyer）(1872 – 1931)《白猫と蝶》

p.3 ……… ホレイショー・ヘンリー・クデリイ（Horatio Henry Couldery）
(1832 – 1918)《金魚鉢の側の猫》

p.4 ……… ピエール＝オーギュスト・ルノワール（Pierre-Auguste Renoir）
(1841 – 1919)《ジュリー・マネ》

p.5 ……… テオフィル・アレクサンドル・スタンラン（Théophile Alexandre Steinlen）
(1859 – 1923)《ルドルフ・サリスの「ル・シャ・ノワール」の巡業》
菱田春草（1874 – 1911）《黒き猫》部分

p.6 ……… イワン・ゴロホフ（Иван Лаврентьевич Горохов）
(1863 – 1934)《農民の小屋で》
アルトゥール・ヘイヤー《猫の家族》

p.7 ……… ヘンリエッタ・ロナー＝クニップ（Henriëtte Ronner-Knip）
(1821 – 1909)《作曲》《ピアノレッスン》

p.8 ……… フィンセント・ファン・ゴッホ（Vincent Willem van Gogh）
(1853 – 1890)《ドービニーの庭》
小茂田青樹（1891 – 1933）《春の夜》部分

p.9 ……… エドゥアール・カストル（Édouard Castres）(1838 – 1902)《子猫と遊ぶ》
小林清親（1847 – 1915）《猫と提灯》

p.10 …… 北澤楽天《動物の年の瀬》

＜監修者紹介＞

NPO 多言語多読

「多言語多読」は、外国語を身につけたい人や、それを支援する人たちに「多読」を提案し、応援する NPO です。

2002 年、日本語学習者のための「読みもの」を作ることを目的に、日本語教師が集まって日本語多読研究会を作りました。2006 年に NPO 法人化。2012 年に「NPO 多言語多読」と名称を変更し、多読の普及、実践、研究、日本語の「レベル別読みもの」の開発をしています。

https://tadoku.org/

レベル別日本語多読ライブラリー（にほんご よむよむ文庫）
［スタート］
絵の中のねこ

2022 年 5 月 25 日　初版 第 1 刷 発行

作：井尾 葵（多言語多読会員・日本語教師）
監修：NPO 多言語多読

ナレーション：遠近 孝一
デザイン・DTP：有限会社トライアングル

発行人：天谷 修身
発　行：株式会社アスク
　　　　〒 162-8558 東京都新宿区下宮比町 2-6
　　　　TEL.03-3267-6864 FAX.03-3267-6867
　　　　https://www.ask-books.com/
　　　　https://www.ask-books.com/jp/tadoku/（『にほんご よむよむ文庫』公式サイト）

印刷・製本：株式会社光邦